AF554752

PROCÉDURE CRIMINELLE
EN FRANCE
ET EN ANGLETERRE

Il est question, dit-on, d'introduire quelques réformes dans la procédure criminelle de la France. C'est du moins, ce que m'apprennent les journaux, où je lis que le résumé du Président aux cours d'assises a été supprimé. Il me paraît, comme l'ont toujours cru les jurisconsultes anglais, qu'il y a encore d'autres améliorations dont celle-ci (si toutefois c'en est une) pourrait être accompagnée avec avantage. J'oserai les indiquer dans cette brochure.

Je n'ignore pas la critique dédaigneuse à laquelle s'expose celui qui émet un avis sur les us et coutumes d'un pays étranger, surtout lorsque cet avis s'appuie de l'exemple de son propre pays. La réponse est toujours facile « Vous ne vous y entendez pas ». Ou bien, « Chaque pays a ses mœurs, et ce qui convient à l'un ne saurait convenir à l'autre». Et ainsi de suite. Ce furent précisément des réponses de ce genre que débitèrent jadis les *Tories* anglais de la vieille roche aux étrangers ébahis de voir pendre des pickpockets ou des maraudeurs coupables d'avoir abattu un arbre de la valeur d'un *shilling*. « Traitez vos coquins en France comme bon vous semblera. Faites-leur subir une détention d'un an ou de deux ans : en cas de recidive envoyez-les aux galères. Ces moyens de répression peuvent suffire chez vous. Mais, en Angleterre, il est nécessaire de pendre tout de bon les voleurs ».

Ce qui n'a pas empêché le code Draconien des Anglais d'être réformé à la fin et assimilé à celui des autres peuples civilisés.

En tout cas, ce n'est pas dans la France d'aujourd'hui qu'une fin de non recevoir sera opposée aux observations d'un étranger en pareille matière. La République, solidement assise (c'est du moins ce que nous croyons) entourée de la bienveillance et du respect de tous les hommes véritablement « bien pensants » de l'Europe, est, par sa raison d'être, appelée à considérer attentivement les projets sérieux de réforme qui seront soumis à son examen. Elle qui a fourni un si bel exemple aux peuples pourra, sans déroger, profiter des exemples des autres. Il s'agit donc tout simplement de décider si les changements que je propose sont bons ou mauvais : il importe peu de connaître la source où ils sont puisés. Les différences de mœurs entre les peuples civilisés ne sont pas aussi grandes que l'on se plaît à les représenter, et, quelles qu'elles soient, chaque jour tend à les diminuer. Nous pouvons apprendre l'un de l'autre. *Petimusque damusque vicissim.* Donc, il se pourrait bien qu'au sujet de la procédure criminelle, mon pays ait quelque chose à enseigner à la France.

Qu'il me soit d'abord permis d'indiquer brièvement la manière de procéder en Angleterre en matière criminelle. L'accusé d'un crime grave ou le prévenu d'un simple délit sont traduits dans le plus bref délai devant un magistrat dans les grandes villes ou devant une cour composée d'au moins deux magistrats en province. Ces cours de *juridiction sommaire* sont autorisées à infliger ce que l'on appelle en France des peines correctionnelles. Mais, qu'il s'agisse d'un crime grave, tel que viol, assassinat, faux, incendie volontaire, vol avec effraction, l'accusé, s'il n'est pas acquitté faute de preuves, doit être envoyé devant un jury pour y être jugé définitivement.

On peut dire que ces tribunaux exercent à la fois les fonctions qui en France sont attribuées aux juges de paix, aux tribunaux correctionnels et aux juges d'instruction. Les magistrats sont des juges de paix ou de première instance pour les délits ou les contraventions, et des juges d'instruction pour les crimes. Ceci me paraît tout à fait dans l'ordre logique. Qu'une accusation, telle quelle, se produise au jour avec ses preuves. De quoi est-il question ? D'une dispute entre voisins d'une simple infraction à la loi ? La cour inférieure expédie l'affaire. S'agit-il, au contraire, d'un crime grave ? Dans le cas où il paraîtra qu'il y a lieu de poursuivre, la cause sera remise à la connaissance d'un tribunal supérieur.

Il y a deux points à remarquer :

1° Tout se passe en public ;

2° Tout se passe, si je puis m'exprimer ainsi, en dehors de l'accusé.

La première condition résulte presque nécessairement de la seconde. Si je l'ai mise à la première place, c'est parce qu'elle me paraît la plus importante des deux. Cependant, je commencerai par dire quelques mots sur le second point.

En Angleterre, pays de liberté individuelle (de liberté exagérée, diront quelques-uns) c'est un axiome universellement reçu qu'un citoyen doit être traité comme étant innocent jusqu'au jour où un tribunal compétent l'a déclaré coupable. Je sais bien que la même formule a cours en France, mais certes elle n'est reçue ni dans les cabinets des juges d'instruction ni aux portes des tribunaux. Chez nous, où elle est poussée à ses conséquences extrêmes, il s'ensuit qu'un accusé ne peut être interrogé directement par la justice. Quant à le traiter directement en coupable, avant le verdict du jury, comme le font tant de présidents français à l'égard des malheureux qu'ils somment de répondre à leurs questions; ce serait un procédé qui répugnerait aux sentiments les plus profondément enracinés au cœur du peuple anglais. Le prévenu, dis-je, n'est pas même interrogé. S'il lui prend envie de fournir des explications ou de présenter une défense devant le tribunal de première instance, il est libre de le faire; mais alors les magistrats sont tenus de l'avertir d'avance que tout ce qu'il pourra dire sera consigné textuellement au procès-verbal, pour être ajouté au dossier de l'affaire. S'il se tait, c'est à la société d'établir sa culpabilité par les preuves qu'elle rassemble, ce n'est pas à lui à démontrer son innocence par ses réponses.

Je ne pose pas ce principe de la non-intervention d'un accusé dans le procès qui le concerne comme étant tout à fait indiscutable. Au contraire, bien des jurisconsultes anglais, et des meilleurs, ont émis l'avis qu'il y aurait lieu de modifier la loi à cet égard, et cela même dans l'intérêt de l'innocence. Ils raisonnent ainsi : L'accusé, s'il est innocent, est plus capable que n'importe quel autre agissant pour son compte de faire ressortir les faits : il faudrait donc lui permettre d'offrir son témoignage à la cour, à la condition de subir un *contre-examen* (ce dont je parlerai tout à l'heure) de la part de l'accusation. Jamais pourtant on n'a émis l'idée que l'accusé fût interrogé contre sa volonté, ni que son interrogatoire fût mené par le Président, ce qui pour des anglais serait absolument choquant et finirait par dénaturer le rôle que doit jouer ce dernier, de juge impartial tenant les balances égales. Car il est impossible, en pareille matière de conduire un interrogatoire sans le diriger dans un certain sens, sans montrer une prévention soit du côté de l'accusation, soit du côté de la défense.

La seconde condition me paraît la plus importante : je parle de la publicité de l'enquête préliminaire. De cette façon, le juge d'instruction, avec son interrogatoire secret, est complétement supprimé : c'est là une réforme sur laquelle un peuple libre, comme le sont les Français d'aujourd'hui, doit insister. Je n'ai jamais vu fonctionner un juge d'instruction, pas plus que je n'ai assisté à une séance particulière de l'Inquisition, mais parmi mes amis j'en ai compté quelques-uns qui ont subi cette épreuve et qui ont été depuis reconnus innocents, et tous m'ont assuré — ce qui du reste saute aux yeux — qu'un tel système secret se prête aux plus flagrants abus. C'est surtout lorsque une cause politique est en jeu, que le juge, peut-être à son insu, penche du côté de la société menacée, c'est-à-dire du gouvernement du jour, qui ayant fait arrêter le prévenu a tout intérêt à le faire condamner. Et même dans les affaires ordinaires, un fonctionnaire qui n'est sujet à aucun contrôle pourra toujours agir à sa guise en face d'un accusé sans éducation, sans ressources, torturé par la détention solitaire, tourmenté, tourné, retourné dans tous les sens par des questions insidieuses. Que ne fera pas dire ou nier à un pauvre hère ainsi acculé au mur un juge habile? Je me souviens que dans un procès où quelques contradictions avaient été relevées entre les paroles de l'accusé en présence du juge instructeur et ses réponses au Président, M. Berryer s'écria « nous savons de quelle manière elles sont faites, ces instructions ! » Sans doute la plupart des fonctionnaires en question sont des gens probes, à bonne intention et qui, somme toute, rendent de grands services au public. Mais alors, que ce qu'ils font soit fait en public, au moins la partie qui concerne directement l'accusé. Si cet interrogatoire préliminaire est conservé, qu'il soit conduit par le juge avec toute l'impartialité dont il lui sera possible de faire preuve et de manière à ne laisser s'élever aucun soupçon sur les moyens employés pour arracher de prétendus aveux. A cet effet la publicité fournirait la meilleure des garanties.

Mais, me dira-t-on, en élargissant de la sorte les mailles de votre filet, vous risquez de laisser passer bien des malfaiteurs. Je réponds qu'un malfaiteur, un vrai coupable, n'a pas plus de chances pour lui en Angleterre qu'en France. Au contraire, il m'a souvent paru que, coupable d'un crime, je préférerais être jugé en France, tandis que, innocent, je serais plus à mon aise devant un tribunal anglais.

L'enquête préliminaire est donc publique en Angleterre. La police aura sans doute fait des perquisitions secrètes, mais ce sera à condition de les produire au grand jour en présence du *prisonnier*. L'accusation n'y perd rien, et en même temps l'accusé est averti des dépositions auxquelles il aura à répondre, ce qui constitue une grande sauvegarde pour l'innocence.

Suivons le prévenu à la Cour d'assises. L'accusation y trouvera encore une porte à laquelle il faudra frapper, la chambre des mises en accusation *(grand jury)*. Ce tribunal n'entend que les témoins à charge. Son rôle se borne à examiner les faits qui pèsent contre la personne inculpée. Suffisent-ils pour le faire envoyer en jugement? Je n'insiste pas sur l'utilité de ce tribunal, quoique j'en sois membre. Il me paraît en effet superflu, puisque la question qui lui est soumise, à savoir : « y a-t-il lieu de formuler une accusation? » a dû être déjà résolue par la cour de première instance. Mais enfin cela offre une chance de plus pour l'accusé.

Celui-ci ayant enfin pris sa place au banc des accusés, le jour du procès, lecture lui est faite de l'acte d'accusation. Cet acte est extrêmement simple, se bornant à exposer la nature du délit dont il aura à répondre. Ainsi, en retranchant les expressions techniques, il reviendra à peu près à ce qui suit dans le cas d'un assassinat : « John Smith, vous êtes accusé d'avoir tué William Brown, avec préméditation, en lui portant un coup de poignard au cœur, à n° 6, High Street, paroisse de Marylebone, comté de Middlesex, dans la soirée du 12 août 1880. » En France, comme on le sait, cet acte est un document volumineux, l'exposé, non seulement du crime, mais aussi de toutes les circonstances qui l'ont accompagné : il contient souvent la biographie de celui contre lequel il est dirigé, rappelant les moindres incidents de sa vie antérieure, quelquefois même dénonçant sa physionomie, comme témoignage de sa culpabilité. Je n'insiste pas pour le moment sur la différence essentielle entre ces deux espèces de documents, différence qui résulte nécessairement de la manière dont un procès criminel est envisagé dans les deux pays. Tout à l'heure je trouverai peut-être l'occasion d'en dire un mot ou deux.

Une seule question est adressée au *prisonnier* : « Vous avez entendu lecture faite des charges portées contre vous. Êtes-vous coupable ou non coupable ? »

Ici se place une particularité sur laquelle il est bon d'appeler l'attention du lecteur français. Les juges sont si loin de vouloir arracher des aveux au prévenu, que c'est souvent à regret qu'ils entendent prononcer par celui-ci la formule « coupable. » « Je ne sais pas si j'ai bien saisi votre réponse » lui dira le juge « vous êtes accusé d'avoir blessé votre beau-frère *avec préméditation*. « Mylord, je suis coupable, nous nous querellions, il s'est jeté sur moi, et je l'ai frappé pour me défendre. »

« Ah ! justement, cela équivaut à *non coupable* » (au greffier) « Écrivez que l'accusé *plaide non coupable*. » Et le procès continue.

Naturellement, des incidents de ce genre se produisent plus souvent devant les tribunaux de première instance qu'aux cours d'assises ; car avant l'époque de son procès définitif l'accusé sait au juste où il en est, il a reçu des conseils sur ce qu'il a de mieux à faire. Mais au début d'une affaire rien n'est plus ordinaire. Il m'est arrivé à moi-même bien des fois, de venir en aide à un prévenu. « Répondez non coupable, c'est cela que vous voulez dire. » « Mais, votre Honneur, je suis coupable. » « Voyons, vous êtes assigné pour un délit commis au préjudice de la couronne. Vous rôdiez, dit-on, dans une forêt royale sans permission et vous y chassiez le gibier. » « J'étais en effet là sans permission et je sais bien que je n'en avais pas le droit. Je suis donc coupable, mais je vous assure que je ne chassais pas. » « Eh bien, puisque vous niez la charge principale, cela revient à non coupable. » J'ai même assisté, étant avocat, à des débats où un accusé s'est avoué coupable en pleine connaissance de cause et a ensuite rétracté son *plea* ; il a été acquitté faute de preuves suffisantes. On peut dire, qu'en général, la justice anglaise préfère qu'une cause soit entendue jusqu'au bout et que toutes les circonstances soient connues du public, ce qui suivant notre système, serait empêché par une admission de culpabilité. Elle envisage donc la formule « non coupable » comme signifiant tout simplement « Je désire que mon procès continue. Je désire que la justice prononce sur mon sort après avoir tout entendu. » Et c'est dans cette intention qu'elle l'encourage. Ajoutez à cela la nécessité, dont j'ai donné plus haut deux exemples, de venir en aide aux malheureux qui le plus souvent faute d'éducation ne saisissent pas toujours la portée des faits qui leur sont imputés.

Après lecture de l'acte d'accusation, le jury est nommé. On pourrait ici constater quelques légères différences entre la manière de choisir les jurés dans les deux pays comme aussi entre le droit de récusation qui dans chacun d'eux est accordé aux parties. Mais ce sont là des détails auxquels il n'est pas nécessaire de s'arrêter. Les deux manières de procéder se valent : peut-être même y a-t-il un léger avantage du côté de l'usage français.

Vient ensuite le discours de l'avocat qui est chargé de présenter l'accusation : ce qu'on appelle en France le réquisitoire du ministère public. Ce ministère public, comme on le voit, n'existe pas, du moins dans les mêmes conditions, en Angleterre, mais ce n'est pas ici le moment de signaler cette divergence. En tout cas, le cours d'un procès criminel exige que les faits tendant à incriminer l'accusé soient d'abord présentés au jury. Que ce soit un ministère public, ou un simple membre du barreau, qui remplisse ce rôle, la procédure est la même.

Puisque l'intention de ce discours est d'indiquer et de coordonner les faits desquels paraît ressortir la culpabilité de l'accusé, il est de rigueur de n'y introduire que ce qui est capable d'être confirmé avec précision par les témoins à charge. Je parle, cela va sans dire, des faits, et non des inductions qu'on peut en tirer. Il est permis d'inférer que telle action n'est pas compatible avec l'innocence de celui qui l'a commise. Mais il n'est pas permis de dire au jury « l'accusé s'est présenté à la maison du défunt à huit heures du soir » à moins que les dépositions sur ce point ne soient absolument concluantes. Dans le cas où un avocat se tromperait en pareille matière, le défenseur ne manquerait pas de relever son erreur, et de plus il serait du devoir du Président de rétablir la vérité dans son résumé s'il s'agissait d'un fait important. « L'honorable avocat de la Couronne s'est fait fort d'établir la présence de l'accusé au lieu du crime, à huit heures du soir. Voici ce qu'ont dit à cet égard les témoins etc. »

Les réquisitoires, en Angleterre, sont en général concis et froidement raisonnés ; l'orateur ne se départ point d'une modération traditionnelle. Suivant nos idées, il est non seulement de mauvais goût, il est immoral de poursuivre la condamnation d'un accusé en s'adressant aux émotions, plutôt qu'à l'intelligence du jury. Il n'en est pas absolument de même en France ; chaque nation a ses mœurs, personne ne le nie ; seulement je ne renonce pas pour cela à mon opinion que les deux peuples se ressemblent beaucoup plus qu'on ne le croit. J'ai entendu en France des plaidoiries calmes, raisonnées, logiques, tant du côté de la défense que du côté de l'accusation, qui m'ont paru obtenir un bien plus grand succès que n'auraient eu des discours bruyants à mouvements oratoires tout saupoudrés de rhétorique.

Vint ensuite le tour des témoins à charge, dont les dépositions constituent le point capital de l'affaire. Ils sont examinés *en chef* par l'avocat de la Couronne et ensuite soumis à un *contre-examen* de la part de l'avocat de la défense. Dans le cas où celui-ci aura fait ressortir quelque nouvelle matière par ce que l'on pourrait appeler « l'interrogatoire contradictoire » l'accusation a le droit d'interroger le témoin une seconde fois, mais alors les questions qui lui seront posées devront porter uniquement sur les nouveaux faits introduits dans les débats. C'est ce que nous nommons la *re-examination*. Il est en outre loisible au juge et au jury de poser aux témoins les questions qui leur paraîtront convenables.

Il y a ici deux observations à faire. La première est qu'il n'est pas permis d'adresser à un témoin ce que la jurisprudence anglaise appelle *a leading question*, c'est-à-dire telle qu'elle doit nécessairement suggérer une réponse dans un certain sens. Par exemple, il n'est pas permis d'interroger un témoin de cette façon : « Avez-vous connu l'accusé depuis huit ans ? » Il faudrait demander : « Connaissez-vous l'accusé ? » Et à la suite d'une réponse affirmative : « Depuis quand ? » Dans la chaleur de la discussion cette règle est naturellement souvent enfreinte, mais l'avocat du parti opposé est toujours là pour formuler une objection ou sinon le juge intervient. Il est vrai qu'une question de cette espèce est quelquefois lancée adroitement dans la certitude qu'elle n'obtiendra pas de réponse, mais avec le calcul que l'effet voulu sera produit. Ainsi, dans le cas supposé :

« Avocat de l'accusation. — Vous avez connu l'accusé depuis huit ans, n'est-ce pas ?

« Avocat de la défense. — Une telle question est inadmissible.

« Le juge. — Évidemment.

« Avocat de l'accusation. — Eh bien, alors, je demande au témoin, s'il connaît l'accusé ?

« Le témoin. — Oui.

« L'avocat. — Depuis quand ? »

Ici l'effet est produit, tout comme si la réponse avait été donnée d'abord. Mais un membre du barreau qui se respecte, ne suivra jamais cette voie. S'il en était autrement, il serait mal vu de ses collègues et qui plus est déconsidéré aux yeux des juges, moyen infaillible de lui faire perdre la plus grande partie de sa clientèle.

La deuxième observation est que cette manière de procéder par le moyen d'un examen et d'un contre-examen rigoureusement limités, inconnue ou à peu près en France, est pourtant de la plus haute importance pour faire ressortir la vérité. Je dis qu'elle est inconnue, car les questions adressées aux témoins sont posées par le Président qui agit tout à fait à sa guise. Quelquefois, il est vrai, le défenseur osera demander un éclaircissement, se servant le plus souvent de l'intermédiaire du juge : « Je prie M. le Président de demander au témoin s'il n'a pas raconté la chose tout autrement devant le juge d'instruction ? » Mais rien qui corresponde à un contre-examen sévère et suivi ne se produit en France. Cependant, j'ai eu connaissance de bien des procès dans ce pays où un tel procédé eût été indispensable, pour établir nettement les faits incriminés.

Le juge de la cour d'assises en Angleterre, a toujours sur son pupitre et sous les yeux le texte des dépositions précédemment faites par les témoins devant le tribunal de première instance. C'est le clerk (greffier) de ce tribunal qui est chargé de cette rédaction. Il est tenu d'écrire mot à mot ce qui tombe des lèvres du témoin, ensuite de lui donner lecture du tout et de lui demander sa signature. Une copie en est fournie à chacun des avocats des deux parties. Je suppose qu'il en est de même en France, car c'est là un moyen de contrôle qui est évidemment indispensable. Mais, combien ce contrôle est plus efficace, au point de vue de la défense, lorsque le témoin est soumis à un examen rigoureux de la part d'un avocat, au lieu d'avoir à répéter tout simplement ce qu'il a dit ou plutôt ce qu'il est censé avoir dit, devant le juge d'instruction et que le Président, presque toujours abondant dans le sens de l'accusation, l'invite avec bienveillance à reproduire.

La défense suit le même cours que l'accusation. Le défenseur expose les côtés faibles des charges qui pèsent sur son client, souligne les contradictions, essaie de son mieux de faire surgir des doutes dans l'esprit du jury. S'il se propose de citer des témoins à décharge, il indiquera d'avance le caractère de leurs dépositions. Ils sont examinés par lui et contre-examinés par l'avocat de la défense, *mutatis mutandis* précisément comme les témoins à charge. Je parle ici des cas ordinaires, car il arrive quelquefois que le défenseur en appelle tout simplement au juge. « Milord, je vous demande si j'aurai à répondre. Il me semble que l'accusation a complètement échoué, et que si des soupçons peuvent planer sur mon client, ils ne sont pas de nature à constituer une preuve légale. » Le juge dira souvent : « Je suis de votre avis. » Et ce qui paraîtra tout aussi étrange aux oreilles françaises, l'avocat de la Couronne consentira à un verdict de « non culpabilité. » Il est même arrivé assez souvent qu'après l'audition de quelques témoins à décharge, à la suite d'un rigoureux contre-examen de sa part, celui-ci s'est retiré de la cause. « Votre conduite vous fait honneur » lui a dit le juge « elle est telle que nous pouvions l'attendre de vous. »

En supposant toutefois qu'un procès n'ait pas été terminé par un incident de ce genre, et en laissant de côté quelques spécialités de la procédure anglaise, l'appréciation desquelles nous mènerait trop loin, le résumé du juge précède le verdict du jury. Il vient d'être aboli en France, et c'est peut-être un avantage; je n'ai pas la prétention d'émettre une opinion à ce sujet, mais j'espère que notre résumé *(charge)* ne sera jamais supprimé. Cette « charge, » comme son nom français l'indique, véritable résumé du procès, sert à éclairer l'intelligence du jury quelquefois très embarrassé par des témoignages et des théories contradictoires. La grande expérience du juge lui permet de dégager les points essentiels de l'affaire, si souvent cachés sous un amas de faits secondaires, et de les présenter nettement à l'esprit du jury. Il doit rester complètement impartial, et rarement un juge anglais depuis le temps du célèbre Jeffreys, ne s'est départi de cette règle salutaire. « Voici ce que dit l'accusation. La défense répond ce qui suit: C'est à vous de juger entre ces deux théories, en vous souvenant des explications que je vous ai fournies relativement à ce qui dans l'espèce constitue un crime puni par la loi. » Voilà en somme comment il s'exprime, et presque toujours il terminera par cette formule : « Si vous avez le moindre doute sur la culpabilité de l'accusé, il est de votre devoir de lui accorder le bénéfice de ce doute. »

Pendant que j'y suis, je crois devoir indiquer une autre particularité de la procédure anglaise. Les questions sur lesquelles le jury aura à prononcer étant soigneusement définies et limitées d'avance, il s'ensuit que tout ce qui ne s'y rapporte pas d'une façon directe est exclu. Ainsi dans le cours d'un procès qui vient d'être jugé en France, à la suite duquel deux personnes ont été condamnées pour assassinat, un témoin affirme qu'il y a de cela « quelques années » il a été arrêté et volé par un individu « ressemblant beaucoup » à l'un des accusés. Une telle déposition serait immédiatement écartée en Angleterre par n'importe quel tribunal. Les on-dit y sont également repoussés. En France, un gendarme ou tout autre témoin déposera que les voisins de l'accusé ont une très mauvaise opinion de lui, qu'ils l'ont souvent vu ivre-mort, etc. Chez nous, il faudrait que de tels faits, en les supposant admissibles, fussent confirmés directement devant le tribunal par ceux-là même qui prétendent en avoir connaissance, afin qu'ils puissent subir un contre-examen de la part de la défense.

De la manière de procéder que je viens d'esquisser, il résulte que les causes criminelles sont jugées bien plus vite en Angleterre qu'en France. Tel procès durera quatre ou cinq jours dans ce dernier pays, qui serait facilement expédié chez nous dans une seule séance. Il s'ensuit également que d'après notre système, on ne peut juger qu'un seul crime à la fois. C'est-à-dire que deux, trois, quatre jusqu'à un nombre indéfini d'individus pourront être compris dans la même cause, par exemple, le premier sous le chef d'homicide volontaire avec préméditation, le second comme « accessoire » (complice) ayant contribué à l'exécution du crime, le troisième à titre « d'accessoire après le fait, » comme nous le nommons. Il ne s'agit ici que d'une seule affaire, à laquelle tous les accusés sont censés avoir pris part, quoique leurs rôles respectifs aient pu être différents. Mais on ne peut juger en même temps deux crimes mis à la charge d'un seul individu. C'est là un développement obligé de notre procédure. Car, en entassant les charges les unes sur les autres, on risquerait de faire perdre au procès sa netteté et sa précision; il faudrait courir continuellement d'une chose à une autre, et il deviendrait presque impossible, dans ces conditions, d'observer les règles qui définissent l'examen et le contre-examen. Ce serait comme si l'on cherchait la solution de deux problèmes à la fois. Ainsi, dans la cause célèbre de Burke, la justice avait rassemblé les preuves de trois assassinats : ceux de la veuve Docherty, de Daft Jamie et de Mary Paterson. Les débats n'ont roulé que sur le premier crime, et l'accusé ayant été condamné à mort, les autres accusations sont tombées. On ne peut pendre un homme qu'une seule fois. Si Burke avait été acquitté sur le premier chef, on aurait procédé sur le second, et ainsi de suite.

Pendant tout ce temps, et jusqu'au moment où le jury rend son verdict, l'accusé assiste à son procès en spectateur. Son avocat est chargé de ses intérêts. Il lui est permis pourtant de communiquer librement avec ce dernier à l'audience. Il a également la faculté de suppléer au discours de son défenseur en y ajoutant ce qu'il voudra. Dans le cas où il n'aurait pas d'avocat, ce qui arrive quelquefois dans des procès de peu d'importance, la cour lui en choisira un « d'office » parmi les jeunes membres du barreau, ou le juge lui-même se chargera de veiller à ses intérêts dans les limites de ne rien permettre à l'accusation qu'un défenseur serait en droit de récuser.

En Angleterre, comme on le sait, il est de rigueur que le verdict du jury soit rendu à l'unanimité. Cette règle me paraît bonne en matière criminelle, premièrement parce que dans un pays de publicité comme le nôtre, où rien ne reste caché, une condamnation prononcée, par exemple, par sept jurés contre cinq soulèverait l'opinion publique, surtout dans le cas d'un procès ayant quelque retentissement. Une décision de cette espèce passerait pour un acquittement. Les cinq jurés se réuniraient bien vite aux dissidents du dehors, et le ministère de l'intérieur et les journaux seraient débordés de députations et de lettres cherchant à annuler le verdict. En second lieu — et cette raison pourra paraître étrange à quelques jurisconsultes français — Il me semble que la loi anglaise exigeant l'unanimité est favorable à l'accusé. Deux jurés qui le croient coupable céderont toujours à dix qui sont d'un avis opposé. La nature humaine est ainsi faite : nous nous rendons facilement du côté de l'indulgence là où nos propres intérêts n'ont rien à voir. Tandis que, au contraire, un seul juré qui est fermement convaincu de l'innocence de l'accusé se fera un devoir de ne pas céder à ses collègues. Ce serait abandonner à une peine infamante un homme qui pour lui n'est pas un coupable. Il arrive donc quelquefois que le jury est renvoyé, faute de pouvoir arriver à une décision unanime. Alors il y a nouveau procès et ce n'est pas, dans ces conditions, un malheur. Il est même arrivé que par la fermeté d'un seul juré voyant plus clair que ses collègues, la vie d'un innocent a été sauvée.

La loi anglaise ne permet pas au Jury de délayer son verdict par l'admission de circonstances atténuantes. Il a toutefois le droit de faire parvenir à la cour une « recommandation à la miséricorde » appuyée de raisons. Cette recommandation est certes d'un grand poids, mais il s'en faut beaucoup que la cour en tienne toujours compte. En France il est de la dernière évidence que cet accompagnement du verdict n'est souvent qu'une espèce d'emplâtre appliquée aux consciences de ceux d'entre les jurés qui n'approuvent pas la peine de mort. Les criminels les plus atroces en ont bénéficié, grâce au hasard qui leur a donné des juges ayant de telles dispositions. C'est accorder au jury la faculté de légiférer.

Il vaudrait bien mieux abolir la peine de mort que de faire de son application un accident déterminé par la composition fortuite du tribunal.

Et maintenant que l'on compare cette esquisse nécessairement très imparfaite de la procédure anglaise avec ce qui se passe en France. Les points de différence entre les deux manières de procéder se trouvent indiqués d'avance. A la place de l'enquête préliminaire faite en public, vous avez les menées souterraines, à la façon d'une taupe, du juge d'instruction, des interrogatoires sans contrôle, un greffier écrivant à peu près ce qu'il conviendra au juge de dicter, des tortures morales, des surprises, des êtres immondes, portant le nom de *moutons* dans l'argot des prisons, casés à côté du détenu dans sa cellule, chargés de lui arracher son secret au moyen d'une amitié simulée et d'épier jusqu'aux paroles qu'il laisse échapper dans son sommeil. A l'audition définitive de son affaire, il se verra confronté par un président qui n'est rien moins qu'un juge, qui se pose plutôt en adversaire acharné. On a beau affirmer que l'inculpé est traité en innocent jusqu'à ce que sa culpabilité soit démontrée : c'est le contraire qu'il faut dire, dès sa comparution devant le tribunal ce sera un homme condamné d'avance, qui aura toutes les peines du monde à parer les coups qui lui seront portés par celui qui dirige les débats. Le rôle du soi-disant juge a été parfaitement défini par un célèbre jurisconsulte, M. Chaix d'Estange : « C'est une lutte entre le président et l'accusé. » En effet, c'est un chat jouant avec une souris, c'est l'histoire du loup et de l'agneau — car l'agneau eût-il été coupable, la manière de procéder du loup n'est pas faite pour être admirée, — c'est le système, la théorie, de l'accusation soutenue à grand renfort de questions insidieuses et d'observations hostiles par ce même président. Ainsi, celui-ci se conduit à l'égard de l'inculpé comme pas un « conseil de l'accusation » n'oserait le faire en Angleterre. Il n'est pas nécessaire de donner des exemples de cette façon d'agir. Elle est marquée sur tous les journaux : « Accusé prenez garde, votre système est insoutenable — accusé voilà bien des mensonges — accusé tachez de mériter l'indulgence de la cour par des aveux. » Voici ce que je lis, ce matin même, sur un journal de la ville où j'écris ces lignes : Le président, D. « Accusé, vous avez commis un crime abominable. Vous avez frappé votre oncle de soixante blessures et maintenant vous le calomniez. Le sens moral vous manque. »

Un jury pourra-t-il rester impartial, après avoir entendu un pareil langage ? Les jurys sont à peu près partout composés des mêmes hommes, d'épiciers, de tailleurs, de boulangers, de braves gens peu habitués à l'atmosphère des tribunaux et subissant parfaitement l'empire du ton qui y domine. En voyant l'accusé traité en coupable, gourmandé comme le serait un écolier coupable, surpris en flagrant délit par son instituteur, il n'est guère possible que l'idée de son innocence puisse se présenter en aucune façon à leurs cerveaux. C'est là peut-être le résultat voulu de toute cette procédure, mais alors ne l'appelez pas un procès.

J'ai déjà parlé de l'avantage qu'il y aurait, à faire subir aux témoins un rigoureux contre-examen et de ne pas les laisser, comme cela se pratique actuellement, entre les mains du juge. Ainsi, dans un procès qui se juge en ce moment, il est question d'un pistolet trouvé chez un accusé. Celui-ci affirme que l'arme n'a pas servi depuis un an. Un arquebusier cité en qualité d'expert, affirme au contraire, qu'il a examiné l'arme à feu à l'époque de l'arrestation du prévenu et que malgré une tentative de nettoyage, il a été d'avis qu'elle avait été recemment déchargée. Justement c'est là que se trouve placé le point capital de l'affaire; donc en Angleterre l'expert aurait à subir un rigoureux contre-examen de la part du défenseur et serait forcé d'exposer clairement les raisons qui ont motivé sa réponse. Si ces raisons paraissaient insuffisantes, le défenseur ne manquerait pas d'appeler sous ce rapport l'attention du jury. C'est là un moyen de contrôler des opinions émises à la légére, les circonstances négligemment racontées, les dépositions intéressées, moyen qui manque complètement au systéme français.

Les auteurs de l'excellent recueil de « Causes célèbres » publié sous la direction de M. Fouquier, ont comparé entre eux les deux systèmes en ces termes :

« En Angleterre, patrie de l'indépendance et de la responsabilité personnelle, c'est au citoyen, c'est à la personne que les lois de procédure ont subordonné toutes les formes. Un citoyen est accusé d'un crime : il s'agit d'abord de le protéger contre lui-même, puis de rechercher la vérité sans lui, en dehors de lui. En France, pays d'autorité avant tout, l'individu est sacrifié à la nation, représentée par ses chefs. Aussi l'accusé y est considéré surtout comme un ennemi de la société générale. » Vol. 14 (*Procès Palmer.*)

Voilà à ce qu'il me paraît, la vraie explication de la différence qui existe entre les deux manières de procéder. A l'époque où ce passage a été écrit, la France était, sans aucun doute, un pays d'autorité, et Dieu sait de quelle autorité ! L'Angleterre était bien ce qu'il faut espérer qu'elle restera toujours, la patrie de l'indépendance et de la responsabilité personnelle. Mais, il est permis de demander si la France, en pleine République, n'est pas également un pays d'indépendance et de responsabilité personnelle ? Le temps n'est-il pas venu de s'enquérir sérieusement si les moyens arbitraires, bons pour des écoliers, sont dignes d'être conservés par des citoyens libres.

Je résume : en France, le vrai procès est fait avant l'ouverture de la cour d'assises, il est fait en secret et sans contrôle. Le résultat est que l'accusé est présenté au jury comme coupable, et c'est dans ce sens qu'il est interrogé par le juge, qui dirige les débats vers un but prévu d'avance. C'est à cela qu'il faudrait surtout porter remède. La procédure devrait être publique et impartiale d'un bout à l'autre. J'ai indiqué le système anglais dans lequel la France, en adoptant ce qu'il a de bon, pourrait sans doute introduire de notables améliorations. Je ne m'oppose pas à ce que des questions soient posées au prévenu, mais que cet interrogatoire soit conduit par le ministère public et qu'un droit pareil d'interroger son client soit accordé au défenseur. Que les témoins soient également assujétis à un examen et à un contre-examen. Mais quel rôle restera au Président? Si l'on persiste à supprimer son résumé (ce qui me paraît une réforme fort discutable) il lui restera toujours un rôle plus beau que celui qu'il joue à présent. Qu'on assiste à un procès criminel en Angleterre, et même en supposant que le résumé fût aboli, on verra quelles fonctions importantes incombent au juge. Mais, après tout, il n'est pas question du rôle plus ou moins effacé du juge : il s'agit de la meilleure manière de conduire les procès criminels.

Et qu'on n'aille pas nous dire pour toute réponse qu'en somme la justice est admirablement rendue en France. J'en conviens, sauf quelques réserves : mais c'est là une raison de plus pour la faire fonctionner en public. Là où il n'y a rien à cacher, pourquoi agir en cachette? Que la police se livre à des perquisitions secrètes, qu'elle fouille, qu'elle tâte, c'est son rôle. Mais aussi que les investigations des magistrats, fondées sur ces recherches préliminaires, soient conduites au grand jour. La justice est comme la femme de César : il ne suffit pas qu'elle soit sans tache, elle doit être au-dessus de tout soupçon. Je suis convaincu que cette réforme n'est qu'une question de temps, et que les Français qui nous ont pris quelques bonnes choses ne manqueront pas de prendre celle-ci, comme nous aussi nous avons profité en mainte occasion de leur bon exemple.

J. D. LEWIS
Villa Teresa, Arcachon.

IMPRIMÉ
PAR
BÉCUS ET PYOT
A
PARIS